ISBN 3-8157-1397-8

Gesamtherstellung:
Druckhaus Holterdorf, Oelde
Printed in Germany

Ich spiele mit Murmeln

Claudia Wegener & Renate Kuhrmann

COPPENRATH VERLAG

Liebe Kinder!

Murmeln, Knicker oder Schusser, wohl jeder von Euch kennt sie, die kleinen bunten Kugeln aus Ton oder Glas, mit denen die Kinder schon vor über 2000 Jahren gespielt haben.

Viele der lustigen Spiele kennen sicherlich auch noch Eure Eltern und Großeltern, die voller Begeisterung im Wettstreit mit Freunden ihr Können bewiesen.

Damit auch Ihr all diese schönen und spannenden Spiele kennenlernt, haben wir einige in diesem Büchlein für Euch gesammelt.

Viel Spaß

Euer Coppenrath Verlag

Inhaltsverzeichnis

Murmel in der Grube

Beliebig viele Spieler

Der unberechenbare Lauf der Kugel hat die Menschen zu allen Zeiten herausgefordert, das eigene Glück zu erproben. Dabei änderten sich die Regeln der Murmelspiele von Generation zu Generation, weil Kinder immer wieder gemeinschaftlich neue Spielmöglichkeiten erfanden. Eines der vermutlich ältesten Murmelspiele geht so:

Wandmalerei: Ägypter beim Murmelspiel

Ihr grabt eine Grube in den Boden oder den Sand und bildet um sie herum einen Kreis. Nun versucht jeder, drei Murmeln in das Loch zu rollen. Die Murmeln, die in der Grube landen, darf er behalten. Nun darf der beste Spieler beginnen, die ums Loch herum liegengebliebenen Murmeln mit einem Zug hineinzustupsen. Solange dies gelingt, gehören sie ihm, gelingt dies nicht, ist der nächste Spieler an der Reihe. Wer die meisten Kugeln für sich sammeln konnte, hat gewonnen.

Murmelmaus

Ein Spieler

Der Deckel eines Schuhkartons eignet sich besonders gut für den Bau einer „Murmelmausfalle".

Schneide zunächst acht Löcher, die etwas kleiner sind als die Murmeln, in den Deckel. Dann malst du mit einem Bleistift eine Rennstrecke, die vom Start (Mauseloch) bis zum Ziel (ein Stück Käse) führt. Um die „Murmelmaus" geschickt an den Fallen entlangrollen zu lassen, hältst du den Karton am besten mit beiden Händen fest.

Schaffst du es, die Murmel an allen Löchern vorbei ins Ziel zu rollen, bist du der „Mäusekönig".

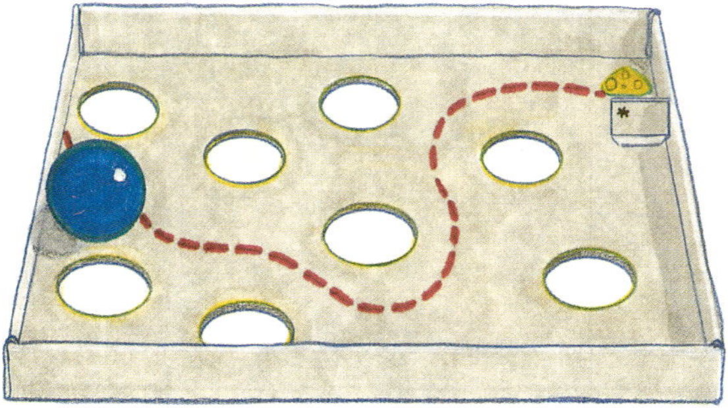

Verfolgungsjagd

Zwei Spieler

Ein an die Wand gelehntes Holzbrett wird zur Abfahrtspiste. Ein Spieler läßt seine Murmel das Brett hinunterrollen. Ist sie unten angekommen, schickt sein Mitspieler gleich die nächste Murmel hinterher.

Schafft er es, die gegnerische Murmel zu treffen, erhält er beide Murmeln als Gewinn. Sonst bleiben beide Murmeln liegen und sind das Ziel für die nächste Verfolgungsjagd.

Tunnelrallye

Beliebig viele Spieler

Auf einem Tablett mit hohem Rand befestigt ihr mit Klebestreifen eine Papprolle (z. B. Rollen von Alufolie, Küchenpapier oder Toilettenpapier). Der erste „Rallyefahrer“ legt seine Murmel auf das Tablett, und es geht los.

Durch Bewegen des Tabletts muß er nun versuchen, die Murmel innerhalb einer Minute so oft wie möglich durch den Tunnel rasen zu lassen. Wer die meisten Runden schafft, ist Rallyesieger.

Turnschuhraten

Zwei Spieler

Für dieses Spiel brauchst du vier Turnschuhe, drei kleine Murmeln und eine große auffällige Murmel.

Verteile die vier Murmeln in die Turnschuhe, achte darauf, daß dein Mitspieler nicht sieht, welche Murmel du in welchen Turnschuh legst.

Jetzt beginnt das große Raten: Wo verbirgt sich die große Murmel? Dein Mitspieler hat nur einen Versuch und bekommt nur dann einen Punkt, wenn er die große Murmel auf Anhieb findet. Abwechselnd wird versteckt und geraten, bis ein Spieler zehn Punkte gesammelt hat und so die Murmel gewinnt.

Murmelgolf

Beliebig viele Spieler

Ein Murmelgolfplatz entsteht, wenn ihr mit dem Schuhabsatz kleine Kuhlen in den Boden dreht.

Vereinbart die Reihenfolge, in der ihr die einzelnen Kuhlen anspielen wollt. Sieger ist derjenige, der mit seiner Murmel als erster alle Kuhlen des Golfparcours durchlaufen hat.

Es gelten folgende Regeln:

- Der Reihe nach zielt jeder auf das erste Loch.
- Die Stelle, an der die Murmel liegenbleibt, ist Ausgangspunkt für die nächste Runde.
- Wer die Kuhle getroffen hat, legt die Murmel zur Seite und darf direkt noch einmal spielen.

7
4
3
5

Pfennigschießen

Zwei Spieler

Legt einen Pfennig auf einen kleinen Stein oder auf ein Stückchen Holz. Bevor ihr nun abwechselnd versucht, den Pfennig mit den Murmeln von seinem Podest hinunterzuschießen, müßt ihr euch für eine Münzseite entscheiden: Bild oder Zahl? Es gibt nur dann einen Punkt, wenn der Pfennig auf die zuvor gewählte Seite fällt. Die Murmeln gewinnt, wer zuerst fünf Punkte erzielen kann.

Murmelraten

Zwei Spieler

Male auf den Boden etwa zehn bis zwölf Kreisringe (s. Abb.). Setze dich nun deinem Mitspieler gegenüber. Hinter deinem Rücken verbirgst du eine Murmel. Dein Mitspieler muß nun raten, in welcher Hand sie versteckt ist. Wenn er richtig rät, darf er seine Murmel um einen Kreis vorziehen.

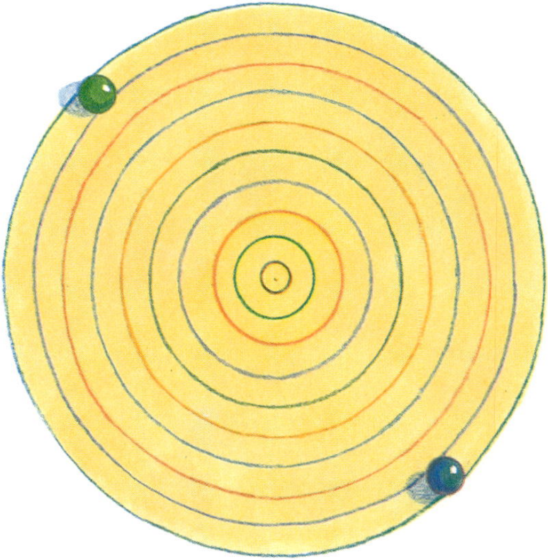

Rät er aber falsch, bist du an der Reihe. Wer zuerst die Kreismitte erreicht, ist Sieger.

Schlangenrennen

Beliebig viele Spieler

Zeichnet mit Kreide eine Riesenschlange von zwei Metern Länge auf den Boden.

Alle Mitspieler legen ihre Rennmurmeln auf die Schwanzspitze der Schlange. Der Reihe nach versucht jeder, seine Murmel möglichst schnell zum Kopf der Schlange zu schnippen.

Aber Vorsicht: Wird die Murmel von der Schlange hinuntergeschossen, muß wieder an der Schwanzspitze begonnen werden.

Murmeln im Sturzflug

Beliebig viele Spieler

Zeichne ein Dreieck auf den Boden, in das jeder Spieler je drei Murmeln legt. Die Murmeln werden zusammengelegt und der erste Spieler ausgelost. Abwechselnd stellen sich alle vor das Dreieck, strecken einen Arm aus und lassen eine Murmel hinunterfallen.

Jede Murmel, die durch den Sturzflug aus dem Dreieck hinausgeschleudert wird, darf der Spieler behalten.

Torbogenspiel

Beliebig viele Spieler

Schneidet Tore mit unterschiedlichen Größen in einen Schuhkarton und schreibt Punktzahlen über jedes Tor. In zwei Metern Entfernung zieht ihr eine Startlinie.

Jeder Mitspieler darf fünfmal werfen. Rollt die Murmel in einen Torbogen hinein, erhält der Spieler so viele Punkte wie die Zahl über dem Tor. Sieger ist der Spieler mit der höchsten Punktzahl.

Achter-Fang

Ein Spieler

Für dieses Spiel kannst du die „Murmelmausfalle“ benutzen, die du aus einem Schuhkarton gebaut hast. Dieses Mal legst du acht Murmeln auf das Spielfeld, die alle in die Löcher fallen sollen. Nimm den Karton in beide Hände und bewege ihn vorsichtig hin und her ...

... und du wirst sehen, es ist gar nicht so einfach, die Murmeln zu fangen!

Aufgepaßt!

Zwei Spieler

Für dieses Spiel werden 15 Murmeln in einen Kreis gelegt. Abwechselnd nehmen beide Spieler eine, zwei oder drei Murmeln auf. Gut aufpassen, denn derjenige, der am Ende eine ungerade Anzahl von Murmeln besitzt, hat verloren!

Fütterung der Raubtiere

Beliebig viele Spieler

Jeder Spieler malt mit Kreide sein Raubtier auf den Boden, mit genügend Abstand zwischen den Zeichnungen. Alle sollten zwei oder drei Meter von der Startlinie entfernt liegen. Die Spieler stellen sich hinter der Linie auf und versuchen, so viele Murmeln wie möglich in das eigene Raubtier zu rollen. Nachdem jeder zehn Murmeln geworfen hat, werden die Murmeln in den Raubtieren gezählt. Gewonnen hat derjenige mit den meisten Murmeln. Die Murmeln von Mitspielern, die in dem falschen Tier gelandet sind, dürfen mitgezählt werden.

Ringschießen

Beliebig viele Spieler

Male einen Kreis von etwa drei Metern Durchmesser auf den Boden. Alle Spieler legen fünf Murmeln auf die Kreislinie. Die Murmeln müssen gleich weit voneinander entfernt liegen. Der Reihe nach versucht jeder, eine beliebige Murmel aus dem Kreis zu schießen. Sieger ist, wer mit seiner Zielmurmel die meisten Treffer verzeichnen kann.

Murmel-Akrobaten

Beliebig viele Spieler

Zuerst verteilt ihr drei Murmeln auf dem Boden, die ihr aus einem Meter Entfernung treffen sollt. Doch nicht nur allein auf das Treffen kommt es an! Wer verliert auch dann nicht das Ziel aus den Augen, wenn er

- auf einem Bein stehend mit der linken Hand wirft,
- mit der rechten Hand unter dem linken Bein hindurchwirft,
- mit dem Rücken zu den Zielmurmeln steht und die Murmel über eine Schulter wirft?

Schiffe versenken

Beliebig viele Spieler

Jeder „Kapitän" malt ein kleines Schiff, schneidet es aus und klebt es auf eine Streichholzschachtel. Die „Schiffe" werden in einiger Entfernung zur Startlinie aufgestellt und sind zum Murmelbeschuß freigegeben.

Jeder Spieler hat fünf Murmeln, um damit die Schiffe durch gezielte Treffer zu versenken. Für jeden Treffer gibt es zehn Punkte. Wer zuerst 50 Punkte erreicht hat, bekommt von jedem Mitspieler eine Murmel.

Murmelboccia

Beliebig viele Spieler

Eine große Murmel wird von der Startlinie aus auf das Spielfeld geworfen. Jeder Bocciaspieler versucht der Reihe nach, seine Murmel möglichst nah an die Zielmurmel zu schnippen, zu werfen oder zu rollen. Jeder hat fünf Versuche und kann mit seinen Murmeln auch die gegnerischen Murmeln von der großen Murmel wegschießen.

Derjenige, dessen Murmel nach fünf Runden der Zielmurmel am nächsten liegt, hat gewonnen.

„Mancala“ - ein Spiel aus Ägypten

Zwei Spieler

Jeder Spieler gräbt eine Reihe von sechs Löchern in den Sand, daneben noch eine Gewinnmulde. In jedes Loch kommen vier Murmeln. Die Murmeln der beiden Mitspieler brauchen sich nicht zu unterscheiden.

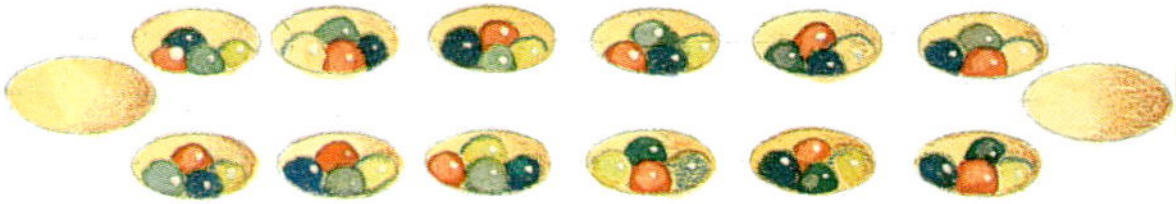

Der erste Spieler nimmt nun aus irgendeiner seiner Kuhlen alle Murmeln heraus und verteilt sie einzeln, gegen den Uhrzeigersinn, in die nachfolgenden Löcher (eigene wie gegnerische). Jetzt ist der andere dran, und so geht es immer hin und her. Ziel des Spiels ist es, möglichst viele Murmeln zu erbeuten.

Und das geht so:
Wenn die letzte Murmel deines Zuges in einer gegnerischen Mulde landet, in der nur noch eine oder zwei Murmeln liegen, darfst du sie und deine eigene in deine Gewinnmulde kullern lassen. Fällt die letzte Murmel deines Zuges in eine eigene, bereits leere Kuhle, gilt er ebenfalls als gewonnen - und dazu darfst du noch alle Murmeln einsammeln, die sich im gegnerischen Loch genau gegenüber befinden.

Das Spiel ist aus, wenn alle Löcher eines Spielers leer sind. Wer die meisten Murmeln in seiner Gewinnmulde zählt, ist Sieger.

Ägyptischer Krummstab (links) und Königszepter (rechts), um 1300 v. Chr.

Wurfpartie

Beliebig viele Spieler

Jeder Spieler gibt eine bestimmte Anzahl von Murmeln in die „Gemeinschaftskasse“. Daraus nimmt sich nun der erste Spieler so viele Murmeln, wie Mitspieler vorhanden sind. Er legt sie auf die flache Hand, wirft sie hoch und versucht, möglichst viele davon aus der Luft zu fangen. Was er gefangen hat, darf er behalten. Die Murmeln, die auf den Boden fallen, kommen zurück in die Gemeinschaftskasse.

Das Spiel ist aus, wenn keine Murmeln mehr in der Kasse sind. Sieger ist, wer die meisten Murmeln gefangen hat.

„Toooor“

Beliebig viele Spieler

Für dieses Spiel könnt ihr die Torwand aus Schuhkarton (S. 19) benutzen. Ihr schreibt Punktzahlen in ungeordneter Reihenfolge darüber und zieht in zwei Metern Abstand eine Startlinie. Jeder nimmt sich eine Murmel aus dem gemeinsamen „Topf“ und versucht, sie in eines der Tore zu bringen. Vorher muß er das Tor ansagen. Trifft er, darf er die Murmel behalten. Trifft er nicht oder ein anderes Tor, wandert die Murmel zurück in den „Topf“. Wer die meisten Murmeln erspielt, ist Sieger.

Murmel-Jongleure

Beliebig viele Spieler

Für dieses Spiel stiftet jeder von euch ein bis zwei Murmeln. In den Boden grabt ihr eine Kuhle und legt alle gesammelten Murmeln hinein - bis auf eine. Nun wirft einer von euch diese Murmel in die Höhe. Mit der anderen Hand muß er die anderen Murmeln aus der Kuhle nehmen und die eine auffangen, bevor sie den Boden berührt. Gelingt es nicht, kommt der nächste Spieler dran. Gelingt es, darf er die Murmel behalten. Nun legt er die anderen Murmeln wieder zurück in die Kuhle, bis auf eine, und wirft diese in die Luft usw. Gewonnen hat, wer die meisten Murmeln für sich sammeln konnte.